ROUSSEAU

em 90 minutos

FILÓSOFOS
em 90 minutos

. . . .

por Paul Strathern

Aristóteles em 90 Minutos
Berkeley em 90 Minutos
Bertrand Russell em 90 Minutos
Confúcio em 90 Minutos
Derrida em 90 Minutos
Descartes em 90 Minutos
Foucault em 90 Minutos
Hegel em 90 Minutos
Heidegger em 90 Minutos
Hume em 90 Minutos
Kant em 90 Minutos
Kierkegaard em 90 Minutos
Leibniz em 90 Minutos
Locke em 90 Minutos
Maquiavel em 90 Minutos
Marx em 90 Minutos
Nietzsche em 90 Minutos
Platão em 90 Minutos
Rousseau em 90 Minutos
Santo Agostinho em 90 Minutos
São Tomás de Aquino em 90 Minutos
Sartre em 90 Minutos
Schopenhauer em 90 Minutos
Sócrates cm 90 Minutos
Spinoza em 90 Minutos
Wittgenstein em 90 Minutos

ROUSSEAU
(1712-1777)
em 90 minutos

Paul Strathern

Tradução:
Maria Lúcia de Oliveira

Consultoria:
Danilo Marcondes
Professor titular do
Deptº de Filosofia, PUC-Rio

Jorge Zahar Editor
Rio de Janeiro

Título original:
Rousseau in 90 minutes

Tradução autorizada da primeira edição norte-americana
publicada em 2002 por Ivan R. Dee, de Chicago, EUA

Jorge Zahar Editor Ltda.
rua México 31 sobreloja
20031-144 Rio de Janeiro, RJ
tel.: (21) 2240-0226 / fax: (21) 2262-5123
e-mail: jze@zahar.com.br
site: www.zahar.com.br

Projeto gráfico: Ana Paula Tavares
Ilustração de capa: Lula

Impressão: Cromosete Gráfica e Editora

CIP-Brasil. Catalogação-na-fonte
Sindicato Nacional dos Editores de Livros, RJ.

Strathern, Paul, 1940-
S891r Rousseau (1712-1777) em 90 minutos / Paul Strathern; tradução, Maria Lucia de Oliveira; consultoria, Danilo Marcondes. — Rio de Janeiro: Jorge Zahar Ed., 2004
(Filósofos em 90 minutos)

Tradução de: Rousseau in 90 minutes
Inclui bibliografia
ISBN 85-7110-790-4

1. Rousseau, Jean-Jacques, 1712-1778. 2. Filosofia francesa. I. Título. II. Série.

CDD 194
04-1124 CDU 1(44)

SUMÁRIO

SOBRE O AUTOR

Paul Strathern nasceu em Londres. Foi professor de filosofia e matemática na Kingston University e é o autor das extremamente bem-sucedidas séries *Filósofos em 90 minutos* e *Cientistas em 90 minutos.* Escreveu cinco romances (*A Season in Abyssinia* ganhou um Prêmio Somerset Maugham) e também sobre viagens. Paul Strathern trabalhou anteriormente como jornalista freelance, escrevendo para o *Observer*, o *Daily Telegraph* e o *Irish Times*.

INTRODUÇÃO

Rousseau foi contemporâneo de grandes pensadores como Kant e Hume, mas, ainda assim, sua obra teve um alcance popular bem maior que a de ambos. Kant e Hume podem ter sido filósofos superiores em um sentido acadêmico, mas o mero poder das idéias de Rousseau foi inigualável em sua época. Na verdade, ele foi, certamente, o menos intelectual de todos os grandes filósofos. Com freqüência, o sentimento triunfa sobre o argumento intelectual em seus livros — que são, ao mesmo tempo, profundamente inspiradores e profundamente contraditórios. É possível amar e odiar Rousseau — tanto por sua obra quanto por seus efeitos. Foi ele o primeiro a deslocar os temas da liberdade e da irracionalidade para um domínio menos intelectualizado.

O homem e suas idéias eram um só. Rousseau viveu suas idéias até a última fibra de seu ser. Como homem, era tanto encantador quanto impossível. Ali estava um ego ambulante, uma sensibilidade toda exposta. Para Rousseau, a vida cotidiana normal era, com freqüência, um tormento — e ele diversas vezes cuidou para que também o fosse para aqueles à sua volta. Mas a Europa tinha necessidade de tal figura. Nos primeiros anos do século XVIII, quando Rousseau nasceu, a revolução científica e o Iluminismo estavam dando origem a grandes avanços intelectuais. Ainda assim, a sensibilidade européia sofria de uma profunda doença, atolada nas limitações intelectuais e emocionais do classicismo. Em meio aos novos progressos, muitos indivíduos tinham consciência de que estavam começando a perder contato consigo mesmos, com quem realmente eram. Tratava-se de um novo sentimento — que permaneceria como parte de nossa sensibilidade até os dias de hoje. Rousseau foi o primeiro a confrontar essa ainda inarticulada autoconsciência. Foi ele que insistiu que deveríamos buscar e experimentar nossa "verdadeira natureza".

VIDA E OBRA

Jean-Jacques Rousseau nasceu no dia 28 de junho de 1712 em Genebra, na Suíça. Nunca conheceu a mãe, que morreu em decorrência do parto dez dias depois de seu nascimento. Em suas próprias palavras: "Meu nascimento foi o primeiro de meus infortúnios ... Nasci quase morrendo, e tinham pouca esperança de me salvar. Carreguei comigo as sementes de uma doença que os anos agravaram." Era assim que Rousseau via sua entrada no mundo. Um drama cuja "doença" potencial se provaria emocional, psicológica e até física. Desde o começo, sua relação com os que o rodeavam era doentiamente intensa. Seu pai, um relojoeiro casado "acima de sua classe social", ficou inconsolável com a morte da mulher que amara desde a infância. Nas palavras de Rousseau, "meu pai pensava vê-la de novo em mim, mas não podia se esquecer de que eu a havia roubado dele". Ambos choravam quando falavam dela. "Ele nunca me beijou sem que eu não tivesse consciência de seus suspiros; em seus abraços convulsivos, um luto amargo se misturava às suas carícias." Não se pode deixar de ouvir, sentir e farejar aí tanto a proximidade quanto uma insidiosa ambivalência.

Parece ter existido um traço de extrema impulsividade emocional na família. Rousseau tinha um irmão sete anos mais velho, em quem, às vezes, o pai batia. Numa dessas ocasiões, colocou-se entre os dois para salvar o irmão. Primeiramente Rousseau o descreve como um "malandro", porém, mais tarde, revela: "Finalmente, meu irmão tornou-se tão mal que fugiu e desapareceu para sempre."

Nessa época, Genebra era uma pequena república protestante cercada de Estados e domínios católicos. Estava geograficamente isolada de seus vizinhos pelos picos nevados dos Alpes e as águas pitorescas do lago Genebra. A cidade devia seu republicanismo e sua independência ao reformador religioso do século XVI, João Calvino, que a tinha tornado um bastião do protestantismo. Seus cidadãos eram íntegros e democráticos. O pai de Rousseau era profundamente orgulhoso de sua cidade natal, e comparava-a com Esparta e a Roma antiga quando a descrevia para o filho. A mãe de Rousseau tinha deixado uma pequena coleção de livros que seu pai e ele liam juntos, depois do jantar. Ficavam tão absortos na leitura que continuavam noite adentro, alternando-se. "Nunca conseguíamos parar antes do fim do livro. Às vezes, quando meu pai ouvia o canto dos pássaros ao nascer do dia, ficava envergonhado: 'Vamos para a cama. Sou mais criança do que você.'"

O jovem Rousseau descobriu-se como o centro das atenções em uma família quase exclusivamente feminina, com uma babá, uma tia e ocasionais parentas admiradoras. Sentado no colo da tia enquanto ela bordava, ele a ouvia entoar seu aparentemente infindável repertório de canções tradicionais. O menino ficava fascinado, adquirindo profundo interesse pela música e grande conhecimento desde muito cedo. Mas o elemento de insidiosa ambivalência permaneceu. Anos mais tarde, ele se descreveria naquela idade como tendo um "coração que era, ao mesmo tempo, muito orgulhoso e muito delicado, [com um] caráter efeminado, mas indomável, ... vacilando entre fraqueza e coragem, auto-indulgência e virtude". Ele se via como "uma contradição comigo mesmo".

Então, subitamente, tudo mudou. Um dia, seu pai se envolveu numa discussão pública com um proprietário de terras local, a quem desafiou para um duelo. Mas o homem, desdenhosamente, recusou-se a duelar com ele alegando sua origem social inferior. Tomado de indignação, o pai de Rousseau sacou a espada e feriu o outro no rosto, derramando sangue.

Foi então obrigado a fugir para o exílio. Segundo Rousseau, o pai fugiu para "não ceder em um ponto que, para ele, parecia comprometer a honra e a liberdade", mas, de fato, foi para evitar uma sentença de prisão. As circunstâncias do menino mudaram da noite para o dia, e ele foi entregue à guarda de uns parentes pobres: um pastor e a irmã, que viviam em uma vila próxima de Genebra. Enquanto viveu lá, foi submetido a humilhações e surras pela irmã do pastor, que provocaram nele um "sentimento de violência e injustiça". Isso teria um efeito duradouro, de tal modo que, até o fim da vida, Rousseau sustentaria que "meu sangue ferve quando vejo uma fala ou um ato injustos". Mas essas surras dadas pela irmã do pastor também induziram nele um prazer sexual precoce, e teriam efeito igualmente duradouro. "Quem poderia acreditar que esses castigos recebidos aos oito anos pelas mãos de uma mulher de 30 determinaram meus gostos, meus desejos, minhas paixões, meu próprio eu, pelo resto de minha vida." A experiência fez aflorar um masoquismo latente que caracterizaria sua sexualidade para sempre.

Aos 13 anos, Rousseau era aprendiz de um gravador em Genebra. A cidade pode ter sido um modelo de perfeita democracia, mas sua atmosfera calvinista era também puritana e opressiva. Esse não era um lugar para as preferências do jovem, que, mais tarde, descreveu-se naquela idade (sintomaticamente na terceira pessoa, e no presente) dizendo que seu caráter era derivado quase completamente de seu temperamento. Sem dúvida, ele possuía um intelecto, mas suas reações eram em sua imensa maioria inspiradas por suas emoções. "Ele é como a natureza o fez — foi modificado apenas um pouco pela natureza." Nessa autocontradição está contida a essência do pensamento de Rousseau: mesmo aqui, ele é absolutamente ele mesmo. As sementes do homem, seu temperamento, toda a sua filosofia estão contidas nesse caráter — que, por toda a vida, guardaria tantas das ardentes e instáveis qualidades da adolescência.

Pouco antes de completar 16 anos, Rousseau desapareceu de Genebra e fugiu para a Sabóia (agora parte da França, mas então sob controle da Sardenha). Ali, foi abrigado pela família de madame de Warens, uma proprietária de terras da região que estava separada de seu marido aristocrata e tinha se convertido ao catolicismo. O jovem Rousseau de 16 anos e madame de Warens, de 30, descobriram uma afinidade imediata. Ela o converteria ao catolicismo, e ele se tornaria seu pupilo. Significativamente, logo começou a chamá-la de *maman* (mamãe). O aprendiz *gauche* e gaguejante que havia chegado à porta de madame de Warens, completamente desprovido de educação formal, foi gradualmente transformado num jovem apresentável. Mas aquele patinho feio nunca se tornaria propriamente um cisne — sob a fina camada de verniz social, o temperamento volátil de Rousseau continuaria a ser a força que o guiava.

E ele permaneceu, em grande medida, um inocente. Só em 1733 madame de Warens finalmente sentiu que era sua obrigação "fazer dele um homem", seduzindo seu protegido de 21 anos na pequena casa de verão que tinha em suas terras. Por algum tempo, Rousseau trabalhou como administrador um tanto inepto da combalida propriedade de *maman*, mas, mais tarde, teve vários empregos de professor em diferentes lugares da Sabóia. O lado sexual da relação dos dois se esvairia, mas a amiga permaneceria como uma duradoura influência. Eles continuaram sendo confidentes, e se corresponderam durante muitos anos.

Em 1742, aos 30 anos, Rousseau foi para Paris em busca de fama e fortuna. A despeito de cartas de apresentação para diversas figuras intelectuais de menor importância, não conseguiu causar impressão e, menos ainda, fazer um nome. Finalmente, teve a sorte de ser nomeado secretário temporário do embaixador francês em Veneza, e partiu para assumir seu posto. O episódio todo se provou um fiasco. O embaixador, o conde de Montaigu, era um aristocrata preguiçoso e arrogante que menosprezava seu secretário. Considerava-o um "insolente arrivista", dotado de "todas as qualidades de um empregado muito ruim". Rousseau, que acreditava que seu status diplomático lhe garantia o direito de ser tratado quase como um igual, respondeu com seu típico vigor temperamental. Surpreendentemente, essa situação durou quase 12 meses — até que o exasperado embaixador finalmente ameaçou jogá-lo pela janela, dentro do canal.

Mas a temporada de Rousseau em Veneza consistiu em mais do que seu envolvimento em incidentes diplomáticos exclusivamente franceses. Aquela era a Veneza pintada por Canaletto, a "sereníssima república" cujas rotas comerciais marítimas se estendiam até Constantinopla e o Levante, uma cidade com uma florescente cultura, especialmente na música. A essa altura, Rousseau já tinha desenvolvido seu apurado ouvido para a música, que se transformara em um talento plenamente desabrochado. Ele ia à ópera com freqüência e respondia, encantado, ao melodioso entusiasmo e espontaneidade da música italiana — que contrastava fortemente com a intrincada formalidade das composições francesas da época. Estava também maravilhado com o temperamento mais aberto e com a sensualidade explícita das mulheres venezianas que encontrava. A mais notável dessas foi uma mulher de poucas virtudes chamada

Zulietta. Infelizmente, Rousseau ainda tinha dificuldades psicológicas no que dizia respeito às mulheres. Quando, finalmente, se viu a sós com Zulietta, exclamou para si mesmo: "Nunca prazeres tão doces foram oferecidos ao coração e aos sentidos de um mortal." Mas, quando se viu incapaz de se elevar à altura da ocasião, seus olhos se abriram para os "mamilos defeituosos" da moça, e ela se transformou em "um tipo de monstro". Zulietta tomou isso como uma crítica à sua competência, e rebateu com um conselho: "Meu caro, desista de mulheres, e vá estudar matemática."

Rousseau também conseguiu encontrar tempo para algumas atividades diplomáticas, e essa experiência foi de profunda importância. Seus negócios com as autoridades bizantinas venezianas abriram-lhe os olhos para a natureza e o poder da política. Concluiu que "tudo depende inteiramente da política", o que significava que "em toda parte, um povo não é nada além do que seu governo faz dele".

Voltou a Paris e, mais uma vez, foi morar na Rive Gauche, em "um quarto feio, um hotel feio e uma rua feia". Esse era o Hotel Saint-Quentin, onde trabalhava uma faxineira analfabeta de 22 anos chamada Thérèse Levasseur. Dadas as peculiaridades da sexualidade de Rousseau, não se sabe quem seduziu quem, mas o resultado foi que se tornaram amantes.

Segundo ele, nunca chegou realmente a amar Thérèse, mas sentia uma profunda piedade pelos insultos e humilhações que ela sofria. A moça, por sua vez, não era nenhuma vítima inocente; nas palavras de uma testemunha, era "ciumenta, estúpida, intrigante e mentirosa". Apesar disso, os dois logo criaram um profundo e duradouro vínculo. Atravessando todos os obstáculos e dificuldades, Thérèse ficaria com Rousseau até que ele morresse.

Dessa vez, os esforços de Rousseau para ganhar reconhecimento em Paris tiveram um pouco mais de sucesso. Tornou-se conhecido no círculo intelectual chamado Les Philosophes (Os Filósofos), pensadores que trabalhavam na elaboração da *Enciclopédia*. Esse trabalho de múltiplos volumes tinha o objetivo de proclamar as idéias racionais, científicas e culturais do Iluminismo. Naquela época, a França era a maior e mais poderosa nação da Europa, mas continuava, em sua maior parte, rural e atrasada. A disseminação do conhecimento era vista como a única maneira de trazer o país para o mundo moderno. A França vivia sob o autocrático Ancien Régime, com o indolente Luís XV e sua corte de 20 mil poderosos reinando a partir do gigantesco palácio de Versalhes, um pouco ao sul de Paris. Um empreendimento como a *Enciclopédia*, produzido por livres-pensadores, era visto com profunda suspeita por Versalhes e pelas autoridades da Igreja. Rousseau se tornou amigo íntimo do filósofo Diderot, o luminar que dirigia o projeto. Para ele, Os Filósofos eram uma companhia intelectualmente estimulante, e eles, por sua vez, estavam intrigados com o temperamento passional e a originalidade daquele provinciano ambicioso. Diderot ficara particularmente impressionado com as opiniões de Rousseau sobre música, baseadas em um conhecimento considerável, e o encarregou de escrever uma série de verbetes sobre o tema para a *Enciclopédia*.

Em 1750, Diderot caiu em desgraça perante as autoridades e foi jogado na prisão de Vincennes, acusado de ter cometido "escritos irreligiosos". Rousseau contou que escreveu imediatamente para a amante do rei, madame de Pompadour, implorando que conseguisse a libertação de Diderot ou que permitisse a ele, Rousseau, ir para a prisão junto com o amigo. Um gesto histriônico típico — ou blefe (essa carta nunca foi encontrada nos arquivos). O certo é que caminhava nove quilômetros até Vincennes, três ou quatro dias por semana, para visitar o amigo. Era o auge do verão, e o calor excessivo o obrigava a caminhar devagar por entre os bosques. Para passar o tempo, lia o jornal, e um dia soube que a Academia de Dijon estava oferecendo um prêmio para o melhor ensaio sobre a questão: "O progresso das artes e das ciências tem feito mais para corromper ou para purificar os costumes?" Segundo Rousseau, "no momento em que li essas palavras, dei-me conta da existência de um outro universo, e me tornei outro homem". Sua reação imediata, ou, pelo menos, a maneira como descreve sua reação, é tipicamente exagerada: "No mesmo instante, senti meu espírito ofuscado por mil luzes, uma multidão de idéias esplêndidas se me apresentou com tal força, e em tal confusão, que fui jogado num estado de indescritível perplexidade. Senti minha cabeça tomada por uma vertigem que parecia embriaguez. Uma palpitação violenta me oprimiu, e fez meu peito arfar. Incapaz de respirar e caminhar ao mesmo tempo, deixei-me cair sob uma das árvores e passei a meia hora seguinte em tal estado de agitação que, ao me levantar percebi que a frente de meu casaco estava encharcada de lágrimas, embora eu não tivesse nenhuma lembrança de ter chorado ... ." Et cetera, et cetera, por muitas linhas mais.

Muitos vêem esse êxtase no caminho para Vincennes como marcando o nascimento do Romantismo. Na verdade, ele contém o embrião de muitos dos excessos que viriam a se tornar uma das principais características da expressão romântica. Historicamente, o tempo estava maduro para tais comportamentos indulgentes. O Renascimento tinha visto o início da libertação do espírito europeu das sufocantes limitações e superstições do medievalismo. Essa libertação tinha sido ainda mais ampliada pelo Iluminismo, com sua ênfase no racionalismo. Mas havia um preço a pagar por tal progresso. O Iluminismo marcou um avanço basicamente intelectual, e sua ênfase na razão tendeu a suprimir as emoções. O comportamento civilizado era visto como um exercício de contenção — uma nobreza clássica que se expressava apenas em termos de "elevados sentimentos". Essa repressão de uma parte essencial da natureza humana chegaria ao fim com a explosão do movimento romântico. Rousseau seria, de muitas formas, o homem que instigaria esse movimento; seria dele a primeira grande tentativa de articular os anseios e sentimentos do Romantismo. Sua coragem consistiria em tentar uma defesa da humanidade contra a razão que a estava sufocando. Como poderia ele justificar, de maneira razoável, a irracionalidade que move todos nós? Como poderia mostrar que existe, de fato, sob o verniz da razão civilizada, um elemento essencial de nossa humanidade? Com a ajuda da moderna psicologia, é possível ver aqui um reconhecimento precoce do inconsciente — e a tentativa inicial de integrar à personalidade humana essa força desestabilizadora.

Mais tarde, Rousseau evocaria sua visão na estrada para Vincennes afirmando que "o fogo que ardeu em meu espírito durante um quarto de hora sob aquela árvore" iria iluminar todos os seus futuros trabalhos. E o que foi, exatamente, que compreendeu naquele momento de verdade? Basicamente, viu que a resposta à pergunta feita pela Academia de Dijon era negativa. O progresso nas artes e nas ciências tinha resultado apenas na corrupção da humanidade.

Rousseau tinha agora 38 anos. A fama e a glória que tanto desejara haviam-lhe escapado. Continuava a ser, essencialmente, um ninguém. Isso nada tinha a ver com o que sentia por dentro, com tudo que sentia queimando em seu coração. O ensaio para o concurso promovido pela Academia de Dijon talvez fosse sua última chance, e decidiu entrar. O que ele produziu foi o *Discurso sobre as ciências e as artes*, no qual despejou suas frustrações e seus desapontamentos com a forma como a sociedade o tinha tratado. Sua tese fundamental era que a história da humanidade não passara da história de um calamitoso declínio. A humanidade era essencialmente boa por natureza, mas fora corrompida pela civilização e pela cultura. Isso não era devido a nenhuma intrínseca semente de corrupção, mas simplesmente ao fato de que a humanidade seguira um caminho equivocado. Ele comparou a simplicidade vital da existência na antiga Esparta com a decadência da culta Atenas. A Roma antiga também tinha perdido sua vitalidade desde que adotou os hábitos da civilização. A cultura trouxe apenas declínio: "As artes, letras e ciências estão entrelaçadas como guirlandas de flores em volta das correntes de ferro que oprimem os homens."

O primeiro *Discurso* de Rousseau produziu uma tempestade de protestos nos círculos intelectuais de Paris — tão confinados e incestuosos àquela época como hoje. Foi acusado de acreditar em uma idade de ouro que nunca tinha existido — exceto na poesia pastoral e na lenda. Podia ele seriamente acreditar que as universidades e os teatros deveriam ser fechados, que todos os livros deviam ser queimados, que a cultura devia ser abolida? Esperava que os civilizados franceses se tornassem camponeses? Rousseau também conseguiu realizar a difícil tarefa de unir — contra si — tanto reacionários quanto progressistas. Tal como ele, um grande número de comentadores conservadores católicos acreditava que era totalmente errônea a noção de progresso — a destruição do mundo medieval pela Renascença e pelo Iluminismo tinha sido um equívoco colossal. Contudo, eles contestaram com animosidade a afirmação de Rousseau de que a humanidade era fundamentalmente boa. Ao contrário, o ensinamento cristão mostrava que ela estava irreparavelmente marcada pelo pecado original. Da mesma forma, os ataques de Rousseau ao progresso e à civilização contradiziam diretamente as crenças e idéias iluminadas de seus amigos Filósofos.

Diderot tinha acabado de sair da prisão, e, a despeito das idéias reacionárias contidas no *Discurso*, continuou a apoiar o amigo, encomendando mais verbetes de música para a *Enciclopédia*. A essa altura, Rousseau estava sendo recebido nos salões literários de Paris. Mas, a despeito de seu desejo de fama, ele não era um hipócrita. Sentia-se especialmente desconfortável entre a turba social da moda. O que tinha escrito no *Discurso* saíra das profundezas de seu ser. Ele era genuinamente contrário à sociedade e a suas formas corruptoras — e, ainda assim, ali estava ele, sendo recebido no seio dessa própria sociedade. Abatido, fez o melhor possível para se ajustar. Então, foi anunciado que seu *Discurso* tinha ganhado o prêmio oferecido pela Academia de Dijon. Logo passou a ser cortejado por inúmeras senhoras aristocratas intelectuais, e suas idéias começaram a atrair a crescente atenção do público geral. O *Discurso* havia feito vibrar uma corda na estagnada sociedade francesa da época, e muitos passaram a ver no texto um chamado à liberdade. Na alta sociedade, isso era visto mais em termos pessoais, mas outros começaram a detectar as implicações políticas. Rousseau também parecia ter encontrado a liberdade. O *gauche* escrevinhador desconhecido, às portas da meia-idade, foi transformado em celebridade — o "crítico implacável da civilização".

Deleitava-se com sua recém-descoberta fama. Agora, era aceito em seus próprios termos, e já não tentava copiar os maneirismos da época. Na verdade, esperava-se até mesmo que fosse "temperamental". De agora em diante, rejeitaria o comportamento civilizado e simplesmente seria ele próprio. Como confessou mais tarde, esse caminho foi adotado por razões outras que não o idealismo: ele era, por temperamento, incapaz de ter boas maneiras, e, de fato, não chegava a entender claramente o que isso envolvia. madame de Warens pode ter tentado ensinar-lhe a letra, mas ele não tinha a menor idéia da música.

Com relação à outra música, esse, definitivamente, não era o caso. Os "entusiasmos" de Rousseau podem tê-lo feito parecer grosseiro em algumas ocasiões, mas ele não era desprovido de intelecto e, certamente, não era um ignorante. Muitos ficavam intrigados com seu profundo conhecimento da música, que se provou ser mais do que apenas teórico. Em 1752, compôs uma ópera chamada *O adivinho da aldeia*. Essa foi logo reconhecida como um trabalho de certa qualidade, e apresentada em Fontainebleau na presença de Luís XV e madame de Pompadour. O rei ficou tão encantado que, alguns dias depois, mandou chamar o autor, com a intenção de premiá-lo com uma pensão vitalícia. Mas isso se provou demais para quem tinha um temperamento à flor da pele, vulnerável mesmo nas mais favoráveis circunstâncias. Ao ouvir o convite do rei, Rousseau foi tomado por uma inibição esmagadora. O que faria ele na presença do rei? O que poderia dizer? Então, como sempre, buscou justificar suas reações. Começou a suspeitar que sua preciosa "liberdade" estava sob ameaça. Fingiu estar doente, e fugiu para Paris. Diderot ficou furioso, criticando severamente sua "irresponsabilidade": poderia ter sido sustentado pelo resto da vida, mas, em vez disso, arriscou-se a ofender o rei — o que não era pouca coisa. Felizmente, o rei não ficou ressentido, e o assunto caiu no esquecimento.

Rousseau agora cortejava nova controvérsia, escrevendo sua *Carta sobre a música francesa*. Tal como em muitos regimes autocráticos, onde a liberdade de expressão é restringida, a música desempenhava um papel central nas artes francesas desse período, atraindo ampla atenção. Os amantes da música em Paris estavam agora divididos em duas facções rivais. Os Filósofos e seus amigos eram a favor da nova e melodiosa *opera buffa* (literalmente, ópera cômica) italiana, da qual o melhor exemplo era o compositor napolitano Pergolesi, cujos trabalhos tinham sido publicados em Paris com a ajuda de Rousseau. Os tradicionalistas, liderado pelo compositor francês Rameau, então com 70 anos de idade, desprezavam aqueles "sons italianos baratos". Eram a favor da clássica contenção da música francesa, com sua ênfase na harmonia. A precisão e a grandeza dessa música eram vistas como uma expressão da superioridade da cultura francesa. A *Carta sobre a música francesa* escrita por Rousseau era um primeiro manifesto a favor do romantismo nas artes. Ela decretava que o espírito criativo deveria dar livre trânsito à sua expressão, sem se deixar limitar pelas restrições da tradição e das regras formais. A nova música italiana, com sua *bravura*, era infinitamente superior ao estilo anacrônico francês. Rameau e seus seguidores ficaram indignados com esse insulto à glória da França. As opiniões expressas na *Carta* foram consideradas sediciosas, e tamanha a fúria popular que uma efígie do autor foi enforcada em praça pública. Mas Rousseau sabia tomar o pulso do tempo. A música italiana era o estilo do futuro. Dez anos mais tarde, em Viena, o menino Mozart, então com 12 anos, produziria sua primeira ópera, *Bastien und Bastienne*, baseando-se em *O adivinho da aldeia* e compondo a música no "estilo italiano".

Em 1753, a Academia de Dijon anunciou outro concurso, oferecendo um prêmio para o melhor ensaio. Desta vez, a questão a ser tratada era: "Qual é a origem da igualdade entre os homens, e está ela autorizada por Lei Natural?" No caso, "Lei Natural" refere-se a presumidas leis universais, alinhadas com as leis da natureza, que vão além de costumes, leis e convenções de qualquer sociedade particular. Isso coincidiria com nossa noção moderna de "direitos humanos básicos", exceto que, no tempo de Rousseau, havia uma crença disseminada de que tais direitos ou leis eram parte integral da natureza. Remanescentes dessa crença persistem em descrever o comportamento humano com termos que se acercam de noções como "não natural", "desumano", "o mal", e assim por diante.

Era algo muito inusitado para a Academia apresentar uma questão a respeito da "origem da igualdade entre os homens", considerando tratar-se de uma entidade basicamente burguesa provinciana, que incluía advogados, padres e conselheiros. Igualdade era um tema provocativo, dado o clima social do período. A França era um país sob um domínio autoritário, cujas enormes desigualdades sociais estavam fazendo surgir boatos de um implacável descontentamento entre a massa oprimida. Foi nessa época que madame de Pompadour fez sua célebre observação: "*Après nous, le déluge*" (Depois de nós, o dilúvio).

Ao saber do novo concurso, Rousseau declarou: "Se a Academia tem a coragem de levantar a questão, eu terei a coragem de responder a ela." E, se bem falou, melhor fez. O resultado foi sua primeira obra-prima, seu *Discurso sobre a origem da desigualdade*, publicado em 1754. Esse, mais que nenhum outro trabalho, tem sido visto como a fagulha intelectual que, um dia, iria acender o fogo da Revolução Francesa.

Nesse segundo *Discurso*, Rousseau desenvolve mais amplamente a idéia original que tinha esboçado no primeiro. A humanidade natural era originalmente boa; foi com o surgimento da civilização que ela se tornou corrupta. (Ele usa o termo "homem" em vez de humanidade. Embora tanto ele quanto a língua francesa sejam incorrigivelmente chauvinistas nesse aspecto, eu assumi que, aqui, Rousseau está se referindo a toda a humanidade, em vez de a uma parte peculiar da mesma.) O *Discurso sobre a origem da desigualdade* delineia uma hipotética história social da humanidade e sua queda da graça natural. Dessa vez, o diabo da peça é mais a propriedade do que a civilização, a cultura e a aquisição de conhecimentos. Rousseau destaca que os humanos são a única espécie que cria sua própria história. Isso significa que somos responsáveis por nossa condição (e, portanto, também responsáveis por sairmos dela). Quando nos comparamos com outras criaturas naturais, vemos que nossa corrupção social nos transformou em miseráveis. Sentimo-nos irrealizados, infelizes e desiguais. E como tudo isso pode ter acontecido?

Segundo a visão de Rousseau, a chave está em nossas desigualdades, das quais existem dois tipos. O primeiro é a desigualdade natural, que surge através de diferenças em nossos tamanhos, nossas forças, inteligências, e assim por diante. Essa desigualdade é física e inevitável. Não somos responsáveis por ela e nem podemos mudá-la. As desigualdades do segundo tipo surgem da sociedade, e dependem de nosso controle. Elas resultam da escolha e da ação humanas. São tanto morais quanto políticas. Rousseau esboça como isso aconteceu, recorrendo a uma hipotética história da humanidade. Aqui, ele adota um método "científico" para reconstruir as fases pelas quais passou nosso desenvolvimento social. Isso não é história verdadeira, nem mesmo uma verdadeira pré-história, mas antes uma forma primitiva de psicossociologia. Nessa prototípica tentativa, deixa de lado evidências reais e prefere percepções em um nível mais profundo. Seu método pode parecer irremediavelmente especulativo e "literário", comparado com a moderna abordagem científica, mais acostumada a ter a teoria respaldada por sólidos fatos. Mas vale a pena ter em mente que nossas modernas ciências sociais — que derivam de tais trabalhos — são freqüentemente forçadas a apelar para recursos semelhantes. Economia, sociologia, e mesmo psicologia, todas requerem, muitas vezes, a crença em um "ser humano típico" — cuja existência não tem maior suporte factual do que o "homem" de Rousseau.

A história conjetural de Rousseau sobre a corrupção da humanidade tem a intenção de revelar o aspecto não natural e maléfico do segundo tipo de desigualdade humana, a "artificial". Segundo ele, em seu estágio mais inicial os seres humanos viviam em uma condição solitária, na qual não existiam "relações morais nem obrigações determinadas de uns para com os outros". Em tais circunstâncias, a humanidade pode ter vivido numa certa solidão, mas seus membros individuais eram felizes e livres. Sua natureza era boa.

Vale a pena comparar essa perspectiva com a fábula moral igualmente especulativa proposta pelo filósofo inglês Thomas Hobbes, um século antes de Rousseau. De acordo com Hobbes, em seu estado de natureza original, antes do advento da sociedade, a vida da humanidade era "perversa, brutal e curta".

O que existia era "uma guerra de todos contra todos". Em vez de Lei Natural, a humanidade necessitava de um Direito Natural — o direito à autopreservação. Tal direito só poderia ser estabelecido se os seres humanos entregassem sua liberdade individual e seu poder a um poder soberano superior, cujas regras teriam que ser obedecidas por todos. Para Hobbes, apenas isso poderia criar uma sociedade que oferecesse à humanidade "uma vida pacífica, social e confortável".

O *Discurso sobre a origem da desigualdade* opunha-se diretamente a essa visão da sociedade. Ele sustenta que, no estado de natureza, os seres humanos individuais se comportavam de uma maneira natural. Eram naturalmente incorrompidos e bons. Os vícios começaram apenas quando esses indivíduos inocentes se juntaram para formar uma sociedade. Embora a fábula de Hobbes possa estar mais próxima dos fatos históricos, a de Rousseau tem uma inegável força psicológica. Nós perdemos algo de nossa natureza por participarmos de uma sociedade. Mesmo hoje, podemos nos ver, subitamente, com uma nostalgia de "viver no campo", de "voltar para a natureza". Imaginamos que, vivendo "mais perto da natureza", estaríamos, de alguma maneira, vivendo mais próximos de nosso verdadeiro eu. Mesmo aqueles imunes a essas fantasias rurais provavelmente concordariam que, de certa maneira, a vida social doméstica é "não natural". Um fantasma das idéias de Rousseau paira sobre todas as comunidades rurais da Nova Era, nos parques que cercam as mansões dos banqueiros e mesmo nos jardins dos bairros ricos.

Qual é então, precisamente, a idéia de Rousseau sobre o "natural"? Quando perdemos o estado de graça? Como surgiu a sociedade "não natural"? Segundo ele, esse evento traumático ocorreu quando os homens construíram suas primeiras cabanas para que pudessem viver junto com as mulheres. Há muito que a coabitação tem sido vista como responsável pela queda do homem (e as mulheres também têm suas opiniões sobre essa questão). Religião, moralidade, até mesmo a psicologia, podem produzir fortes argumentos para justificar por que esses dois irreconciliáveis elementos da humanidade deveriam ser mantidos separados — na verdade, por que eles, em primeiro lugar, nunca deveriam ter se juntado. Tradicionalmente, isso tem sido visto como o desfazer (e, na realidade, o fazer) da humanidade. Mas o argumento de Rousseau vai além do comportamento não natural manifestado pelos domesticados habitantes da choça de palha, da comunidade da Nova Era ou da mansão do banqueiro. Nunca fomos expulsos da graça, mas, ao invés disso, fomos vítimas de uma fraude. A sociedade aconteceu como resultado de uma trapaça. "O primeiro homem que cercou um pedaço de terra, que veio com a idéia de dizer 'isto é meu' e encontrou gente simples o bastante para acreditar nele" foi o verdadeiro fundador da má sociedade. Os fundadores da sociedade eram impostores. Como Rousseau eloqüentemente avisava a seus leitores, "vocês estarão perdidos se esquecerem que os frutos da terra pertencem a todos, e que a terra, ela mesma, não pertence a ninguém!". Mas os enganados não deixavam de ter sua culpa. "Todos correram ao encontro de seus grilhões, na esperança de garantir sua liberdade; pois tinham apenas compreensão suficiente para perceber as vantagens das instituições políticas, mas sem terem experiência bastante que lhes permitisse antecipar os perigos." Existem, por certo, inconsistências em uma forma de argumento poética como essa. Se o estado natural da humanidade era tão bom, o que poderiam os seres humanos perceber como as "vantagens das instituições políticas", e como essas poderiam ser tantas a ponto de impeli-los a correr "de encontro a seus grilhões"?

Assim como com tantas coisas de Rousseau — tanto do homem quanto de suas idéias —, os defeitos na racionalidade são compensados por perspicazes intuições sobre a natureza humana. Ignorando seus argumentos anteriores, ele então prossegue afirmando que, no começo, a "sociedade nascente" era, de fato, boa. As famílias viviam juntas, cercadas por outras famílias, e todos em harmonia. Essa era a "idade de ouro" da humanidade. Mas, na medida em que aprendemos a amar uns aos outros, também nos tornamos conscientes de outras emoções que contrabalançavam as primeiras. A habilidade de admirar trouxe consigo a habilidade corruptora de ter inveja. Os vizinhos começaram a se comparar com os que estavam à sua volta. Essa atividade "marcou o primeiro passo na direção da desigualdade e, ao mesmo tempo, do vício".

O processo continuou: "Cada um começou a levar os outros em consideração, e a querer também ser considerado; desse modo, um valor passou a ser associado à estima pública." As pessoas passaram a requerer, ou demandar, respeito por parte das outras à sua volta. Todas queriam ser, ou ser vistas como sendo, melhores do que as outras que as rodeavam. Em uma passagem estranhamente premonitória, Rousseau mostrou como a mania de fama não era nenhuma novidade: "Quem quer que dançasse melhor, quem quer que fosse o mais belo, o mais forte, o mais hábil ou o mais eloqüente, esse se transformava no mais considerado." A fama — o "valor" da "estima pública" — pode, muitas vezes, parecer trivial, mas Rousseau demonstra que é umas das mais antigas ou profundas de nossas características e necessidades comunitárias. Ele então leva isso um estágio adiante. Junto com a família e com o desejo de ter o respeito social, nasceu a idéia da propriedade privada. Isso transformou as desigualdades anteriores em uma realidade visível. Inevitavelmente, alguns tinham mais que outros. Mas, dado que a propriedade era uma realidade — uma coleção de coisas —, ela necessitava de proteção física. Isso deu origem às leis e a um governo para aplicar essas leis. A persistência do governo fez surgir instituições formais, que tiveram seu próprio efeito devastador. As desigualdades consolidaram-se em lei, poder e pedra. Aspectos da desigualdade natural agora estavam espelhados em suas contrapartes artificiais. Fraquezas físicas tinham como contraparte a deferência social; a força física era imitada pela dominação social. Rousseau afirmava que essa "foi, ou bem pode ter sido, a origem da sociedade e da lei". Pode não ter tido nenhuma relação com fatos históricos, nem mesmo com a verdade sociológica pré-histórica, mas não há dúvidas quanto à sua força como um instrutivo conto de fadas. Assim como não há qualquer dúvida sobre *como* ele queria que fôssemos instruídos. "Para a vantagem de uns poucos indivíduos, toda a humanidade estava subjugada ao trabalho perpétuo, à escravidão, e a uma miserável humilhação."

O conceito de propriedade era não menos que "fatal" para a humanidade, resultando apenas em "horrores". No século seguinte, essa idéia seria levada à sua conclusão lógica pelo reformador social francês Georges Sorel, que cunhou o emotivo slogan "A propriedade é um roubo". Enquanto isso, Marx construiria o comunismo ao longo de linhas semelhantes. Toda propriedade pertenceria ao Estado, e, na vindoura utopia socialista, o Estado finalmente "desmoronaria". Deixando o quê? Presumivelmente, o Paraíso de Rousseau, onde "a terra, ela mesma, não pertence a ninguém". Deixando de lado a total impraticabilidade desse sonho, existe aqui uma diferença crucial entre os dois pensadores. Onde um olhava adiante, ansiando por um futuro irrealizável, o outro tinha olhado para trás, para um passado que percebia como nunca havendo realmente existido. Marx estava escrevendo uma profecia; Rousseau, uma parábola. Ainda assim, não há como negar a poderosa influência das idéias de Rousseau sobre Marx: ele foi quem, ainda no século XVIII, pôs "liberdade" na agenda social — e todas as futuras revoluções proclamariam isso como sua meta. No nível pessoal, essa mesma "liberdade" seria central para toda a noção de romantismo. Marx tem uma declaração famosa: "Os filósofos apenas *interpretaram* o mundo; o que importa é *transformá-lo*." Com um século de antecedência, Rousseau já estava pondo isso em prática.

O *Discurso sobre a origem da desigualdade* também inclui uma análise mordaz da sociedade. Qual é o propósito da sociedade? Prover a paz civil, e também proteger a propriedade dos que a detêm. Assim, uma sociedade beneficia a todos os indivíduos que nela vivem. Mas é mais benéfica para os ricos, já que são os que têm mais a ser protegido. Ela também introduz uma sutil transformação. Para começar, a propriedade foi simplesmente achada e apropriada. Nesse sentido, a posse da propriedade era quase acidental. Era um fato contingente. Um homem simplesmente cercava uma terra e a chamava de sua. A sociedade e o domínio da lei transformaram esse fato contingente em propriedade *por direito*. Tornou-se uma possessão legal. O dono da terra possuía sua terra por direito; seu vizinho sem terra era mantido despossuído. Ambas as situações eram sustentadas *por lei*. Dessa forma, a sociedade nunca poderia ser justa, porque os ricos sempre se beneficiavam mais, e a lei deu a eles uma vantagem injusta ao mantê-los ricos. Tais injustiças inevitavelmente produziam inveja, medo e ódio. Apenas em sociedade os interesses dos indivíduos conflitavam uns com os outros. Esse conflito permeava a sociedade inteira, e tinha que ser mascarado com boas maneiras e cortesias. Por isso, nenhuma sociedade era verdadeiramente feliz. Nem mesmo os ricos estavam contentes. Os conflitos da sociedade os obrigavam a acumular cada vez mais, de tal modo que eles também nunca estavam satisfeitos.

Rousseau concluiu que a desigualdade era parte do processo que afastou os seres humanos de sua natureza e inocência originais. Assim, a humanidade tornou-se alienada de seu verdadeiro eu. "O homem social vive constantemente fora de si mesmo e depende da opinião dos outros para poder viver, de tal modo que parece receber a consciência de sua própria existência meramente através do julgamento dos outros a seu respeito." A humanidade ficou à deriva, impedida de acessar sua certeza interior original. "Todas as coisas são reduzidas à aparência. Mesmo honra, amizade, virtude e, muitas vezes, também o vício tornam-se nada mais que teatralidade e artifício. Estamos reduzidos a perguntar aos outros o que somos, nunca ousamos fazer essa pergunta a nós mesmos ... . Tudo que temos de mostrar de nós é uma aparência frívola e enganosa, honra despida de virtude, razão despida de sabedoria, prazer despido de felicidade." Essa análise nos é tão familiar hoje quanto era para a França pré-revolucionária.

Então, qual a resposta? Rousseau de fato a forneceu bem no começo de seu *Discurso*, que foi dedicado "À República de Genebra". Por sob isso, em sua introdução, ele caracteriza sua cidade natal como o Estado ideal. Aqui, a sociedade tinha obtido sucesso no impossível: "Vocês alcançaram a felicidade." Em sua pequena república, os cidadãos de Genebra tinham conseguido equilibrar "a igualdade que a natureza estabeleceu entre os homens e a desigualdade que conseguiram instituir entre eles mesmos". Isso tinha sido conseguido porque "vocês não têm outros senhores além de sábias leis, feitas por vocês mesmos e administradas por íntegros magistrados de sua própria escolha".

Bem longe de contradizer os conteúdos do *Discurso*, esse canto triunfal de louvor a sua cidade de origem não estava totalmente isento da "teatralidade e artifício" que Rousseau tanto condenava. (Talvez ele não pudesse evitar isso, porque estava vivendo em uma sociedade inegavelmente "frívola e impostora" como Paris.) De todo modo, tinha decidido que queria voltar a Genebra, e estava inseguro quanto à acolhida que teria. E tinha boas razões para isso. Havia renunciado ao seu calvinismo nativo em troca do desprezado catolicismo, e escolhera escandalizar a opinião pública vivendo abertamente com uma lavadeira que agora tinha gerado filhos. Mesmo um homem tão insensível quanto Rousseau estava consciente de que era improvável que tais coisas o tornassem bem visto aos olhos de seus concidadãos puritanos. Talvez algumas bajulações cuidadosamente escolhidas, na introdução de seu livro, pudessem ajudar.

Agora tinha percebido o erro de seus passos. Isso não lhe fora fácil. Sua ópera havia sido um sucesso quando foi apresentada em Paris, e via-se diante da perspectiva de uma carreira brilhante como compositor. Fama e dinheiro seriam seus, finalmente. Mas ele não teria isso. Perversamente fiel a si mesmo, como sempre, Rousseau decide abandonar a ópera. Esse tipo de teatro era simplesmente um outro exemplo do efeito corruptor da civilização. Entrou então em um período de austera auto-reforma moral, decidindo que era tempo de reabraçar os estritos princípios do calvinismo que tinham permeado sua infância em Genebra. Iria retornar à sua cidade natal, jogar fora a corrupção do catolicismo e viver uma vida correta no meio de uma sociedade correta.

Tudo andou surpreendentemente bem, e Rousseau foi acolhido de braços abertos pelos cidadãos de Genebra, lisonjeados pelo retorno de seu filho famoso. O *Discurso sobre a origem da desigualdade* não chegou a ganhar o prêmio oferecido pela Academia de Dijon, mas tinha provocado enorme interesse público. Rousseau estava a caminho de se tornar a mais comentada figura da França. Já não importava que suas idéias fossem consideradas pelos Filósofos como anátemas aos pontos de vista Iluministas. Por toda a Europa, a clássica contenção do Iluminismo estava a ponto de ser substituída por um novo romantismo incontido, e ele se tornaria tanto a materialização quanto o porta-voz dessa revolução na sensibilidade.

Mais surpreendente ainda, os íntegros cidadãos de Genebra conseguiram até mesmo tolerar a presença de Thérèse, a amante analfabeta. A auto-reforma de Rousseau não tinha ido tão longe a ponto de incluir o casamento com sua amante lavadeira. Em Genebra, ela era vista simplesmente como uma babá. O fato de que essa babá não tivesse nenhuma criança de quem cuidar — além do próprio Rousseau — pareceria ainda mais escandaloso se a verdade tivesse sido conhecida. Pois, àquela altura, Thérèse já tinha tido cinco filhos. (Quantos desses eram realmente filhos de Rousseau tem sido um tema de ávida especulação acadêmica.) Onde estavam eles quando sua mãe chegou a Genebra? Defrontamo-nos agora com a mais sinistra das heterodoxias na vida indiscutivelmente não ortodoxa de Rousseau. Cada uma dessas cinco crianças tinha sido entregue, logo após o nascimento, a um orfanato que ficava perto de onde vivia o casal em Paris. Em vários momentos de sua vida, Rousseau ofereceria diversas desculpas inadequadas para esse fato indigesto. Variavam desde uma razão intelectual ("Platão sustentava que todas as crianças devem ser criadas pelo Estado") até a psicológica ("As crianças não gostam da companhia de pessoas velhas" — ele estava agora nos seus 40 anos). A verdade é que, para ser ele mesmo, para ser fiel a sua difícil natureza e realizar-se como um dos mais originais pensadores do século XVIII, estava disposto a sacrificar tudo. Temperamento era tudo. Tamanho egocentrismo, tão monstruoso egoísmo, não podia tolerar em sua vida a presença de nenhuma outra criança.

Rousseau pouco se esforçou para esconder o que tinha feito: estava consciente de sua culpa, e sofria com ela. No que se refere à sua vida, essas cinco crianças fazem com que a balança penda fortemente contra ele. E seus escritos não podem ser separados de sua vida. Na verdade, baseavam-se tanto nela que isso seria impossível. Por outro lado, devemos perguntar: será que sua vida fatalmente compromete suas idéias? Embora relutantemente, penso que, neste momento, a resposta deve ser "não". As idéias de Rousseau provariam ser uma enorme contribuição para a autocompreensão humana — nos níveis pessoal, social, psicológico e filosófico. Somos todos seus herdeiros, para o bem ou para o mal. Podemos deplorar suas ações, podemos ridicularizar suas irracionalidades, mas suas idéias plasmam tão amplos aspectos de nossas vidas que nossa existência presente é inconcebível sem elas. "Cuidado com o moralista que abandona seus filhos!" — nunca um slogan daria maiores motivos para a autocrítica.

Rousseau tornou-se um cidadão de Genebra e foi reintegrado na comunhão calvinista, a despeito das reservas de alguns. Vivendo em Genebra, redescobriu as belezas da natureza, maravilhando-se com os picos nevados dos Alpes, remando nas águas azuis do lago Genebra até as margens de Valais, caminhando pelos sopés das montanhas por onde as cachoeiras corriam entre ravinas. No meio dos vastos espaços das montanhas, ele se perderia em devaneios. "Não penso, não raciocino. Com um tipo de voluptuosidade, sinto-me senhor da substância do universo." Mas ele também tinha que trabalhar, que conseguir dinheiro para si e Thérèse. A despeito de sua rejeição às artes corruptoras, decidiu escrever uma peça. O teatro era proibido em Genebra, e, após alguns meses, ele partiu para visitar Paris. Pretendia "arrumar seus negócios" antes de voltar a viver permanentemente em Genebra.

Mas não haveria de ser assim. Uma vez de volta a Paris, Rousseau começou sua ronda dos salões, onde se envaidecia por ser tratado como objeto de grande importância pelas anfitriãs da sociedade. Começou a aceitar convites para se hospedar em diversas propriedades no campo. Finalmente, decidiu, mais uma vez, que estava cansado das corrupções da civilização. Precisava mesmo era de solidão no meio da natureza — onde poderia ser ele mesmo, onde poderia se maravilhar com as simples alegrias do mundo natural e estar livre para registrar seus pensamentos sem interrupções. Em 1758, deixou suas modestas instalações em Paris para viver na casa de campo de madame d'Épinay, em Montmorency, nos bosques que ficavam nos arredores ao norte da cidade. Instalou-se, junto com Thérèse, na propriedade conhecida como Hermitage, numa parte recolhida dos bosques, em um pavilhão de caça que havia sido restaurado.

Inevitavelmente, houve complicações. Madame d'Épinay tinha uma queda por seu famoso protegido romântico. Já se sabia, há muito tempo, que Thérèse era mais do que simplesmente a "babá", mas sua aparência e comportamento rústicos eram geralmente considerados como não constituindo nenhuma ameaça quando se tratava das verdadeiras paixões românticas de Rousseau. A relação dele com madame d'Épinay pode ou não ter permanecido casta — sabe-se que ela teve outro amante durante este período —, mas é evidente que algo em sua multifacetada vida emocional continuava ainda por preencher. Maravilhado com seus novos cenários, Rousseau começou uma novela, *Júlia*, que, segundo ele, foi motivada por "um desejo de amar que eu nunca tinha sido capaz de satisfazer, e pelo qual me sentia devorado". Ele afirmava que a novela era a expressão de sua nostalgia de um amor idealizado, embora a história estivesse profundamente envolvida com o amor físico — especialmente nas passagens que apelavam à sexualidade do autor. O jovem herói, um preceptor, é seduzido por uma bela e dominadora aristocrata. Em um êxtase de paixão, ele declara: "Júlia, você foi feita para reinar. Seu império é o mais absoluto que conheço, ... seu espírito esmaga o meu. Não sou nada em sua presença." Não se pode deixar de ouvir aí o estalar do chicote que muitas vezes excitou aquele menino de oito anos.

Então, num dia em que se encontrava imerso na criação de sua novela, uma mulher "chegou à Hermitage, calçando botas e cortando o ar com uma explosão de risadas". Tinha longos cabelos pretos anelados que chegavam à cintura, vestia calças de montar e estava coberta de barro até os joelhos. Era madame Sophie d'Houdentot, uma jovem aristocrata local que, na verdade, era cunhada de madame d'Épinay. Ela tinha até mesmo os "seios fartos" de Júlia, uma característica para a qual Rousseau freqüentemente chama a atenção na novela. Inevitavelmente, ele seria tomado de amor por essa dominadora morena — que rapidamente "tornou-se Júlia" em sua novela. Rousseau a acompanharia em caminhadas pelos bosques, onde parariam sob uma acácia e ele começaria a ler para ela as apaixonadas cartas de amor que o jovem preceptor dirigia a Júlia na história. Por seu lado, Sophie o encorajava, e então, no último instante, o repreendia "rispidamente" por tomar liberdades — pouco compreendendo que era exatamente isso o que ele desejava. Era logo levado a um estado de "delírio amoroso", no qual experimentava todos os prazeres do "fervor erótico".

Não demorou muito para que madame d'Épinay tivesse notícia disso. Embora seu caso com Rousseau estivesse em suspenso, ela não gostou, e escreveu para ele: "Depois de lhe ter mostrado todos os possíveis sinais de amizade e simpatia durante muitos anos, não há nada mais que eu possa fazer a não ser ter piedade de você." Foi obrigado a sair da Hermitage, mas recebeu abrigo do poderoso marechal de Luxembourg em um remoto chalé nas redondezas dos bosques de Montmorency.

A despeito de toda essa turbulência emocional, os quatro anos de Rousseau em Montmorency vieram a se provar o período mais criativo de sua vida. O trabalho mais importante desses anos foi o *Contrato social*. O texto abre com uma declaração retumbante: "O homem nasceu livre, e em todo lugar está acorrentado." A liberdade é uma parte essencial de nossa humanidade. "Renunciar à liberdade é renunciar a uma das qualidades humanas." Em seu *Discurso sobre a origem da desigualdade*, ele tinha sugerido que isso fora inevitável quando o "homem natural" se juntou para formar a sociedade. Agora, sugere o contrário: há uma solução para o problema. Os seres humanos não são corrompidos se formam uma sociedade através de um genuíno contrato social. Esse último termo apresenta outra ficção histórica que pretende ser uma parábola social. Quando os indivíduos se juntam para formar uma sociedade, cada um deve comprometer-se a ceder alguma coisa; em troca, a sociedade lhes dá algo. Esse é o hipotético "contrato social". No *Discurso*, mostra como os indivíduos entregam sua liberdade em troca de proteção — de sua propriedade e de outros direitos civis. Agora insiste que é possível um genuíno contrato social entre seres humanos, de tal forma que ainda preservem sua liberdade e, assim, sua humanidade. Em troca de sua liberdade natural, eles devem receber uma liberdade *melhor*, ou seja, a liberdade política.

Rousseau se apresenta no *Contrato social* como um homem que tem todo o direito de discorrer sobre justiça e direitos dos cidadãos. Pode não ser um poderoso senhor ou um príncipe com experiência nessas questões, mas, não obstante, é um soberano. Como um cidadão do Estado livre de Genebra, ele é seu soberano. Seus direitos democráticos fazem dele um dirigente da cidade. Aqui, Rousseau está patinando sobre gelo fino. Refere-se a Genebra diversas vezes no *Contrato social*, e em termos entusiásticos. Mas a Genebra que tem em mente é aquela estabelecida mais de dois séculos antes por Calvino. A realidade que tinha experimentado durante sua visita de volta, em 1754, havia-se revelado, evidentemente, um tanto desapontadora. A um certo ponto, chega a descrever a Genebra contemporânea como uma ditadura "chefiada por vinte e cinco déspotas". O Estado de Genebra ideal agora tinha que ser visto através das lentes rosadas da história (uma história na qual ele e sua "babá" acompanhante teriam tido sorte se sobrevivessem: naqueles primeiros tempos, a fornicação era punida com a morte).

A despeito de tais lapsos históricos, a análise de Rousseau é instrutiva. Ele segue explicando como uma sociedade justa não pode ser criada pela força.

Assim como desigualdades físicas não são uma desculpa para desigualdades sociais, direitos impostos não criam genuínos direitos. Quando a força cria direitos, esses são tão passageiros quanto a própria força. Quando uma força depõe a outra, um conjunto de direitos dará lugar a outro. Isso leva a uma situação em que a "força é lei". (Aqueles que subscrevem esse sedutor slogan a fim de impor suas idéias estão meramente tornando efêmeras tais idéias. Os nazistas, para quem a lei residia basicamente na força, deveriam ter visto sua completa derrota em 1945 como a desqualificação definitiva de tudo que representaram.)

A fim de estabelecer um governo adequado, requeria-se o consentimento de todas as pessoas. Apenas dessa maneira poderia haver igualdade moral entre todos os seus cidadãos. O cidadão encontra a liberdade submetendo-se à lei que impôs sobre si mesmo para o bem de todos. Mas há uma dificuldade na descrição que faz Rousseau de como se forma a sociedade justa. O indivíduo é livre porque se submete apenas à sua própria vontade. Em uma sociedade, há muitas vontades. Devido à diversidade da natureza humana, essas vontades inevitavelmente diferem e, assim, conflitam. Nesse caso, alguns indivíduos são forçados a se submeterem a uma vontade que conflita com a sua própria.

Rousseau tentou superar essa dificuldade introduzindo o conceito de "vontade geral". A sociedade humana era vista como um indivíduo coletivo, que mantinha sua liberdade coletiva porque se submetia à sua própria vontade geral. Essa vontade geral se aplicava a todos, pois derivava de todos. Isso garantia tanto liberdade quanto igualdade, e também promovia um espírito de fraternidade. (A "Liberdade, Igualdade, Fraternidade" do slogan nacional da moderna república francesa deriva diretamente dessas idéias.)

Aqui, ele concorda com Hobbes, para quem, no contrato social, o indivíduo entrega todos os seus direitos à comunidade. Em troca de ter aberto mão de seus direitos naturais, o cidadão recebe direitos civis. Isso beneficia a todos. Fora da sociedade, os direitos individuais dependiam do poder de cada um. Dentro da sociedade, o poder da comunidade — o império da lei — faz com que esses direitos sejam implementados. Mas agora chegamos a uma dificuldade central. Nas palavras de Rousseau: "Se, no momento em que o contrato social é feito, surgem oponentes, essa oposição não invalida o contrato. Ela meramente exclui os dissidentes: eles são estrangeiros entre os cidadãos. Depois que o Estado é instituído, residir nele implica consentimento: habitar o território é submeter-se à soberania." Se um indivíduo dentro de uma sociedade "recusa-se a obedecer à vontade geral, deve ser forçado a fazê-lo". Aqueles que não se submetem à liberdade da soberana vontade geral "devem ser forçados a ser livres".

Essas são palavras de mau presságio. Nas grandes sociedades coletivas do século XX, ganhariam um claro significado por si mesmas. Tanto o comunismo quanto o nazismo excluíram seus "dissidentes" e estigmatizaram "os estrangeiros entre os cidadãos". Tais noções derivam diretamente do *Contrato social*. Mas sua aplicação foi mal-intencionada. Com toda certeza, Rousseau não teria endossado nenhuma "ditadura do proletariado" (a descrição de Marx de como uma sociedade poderia ser forçada a ser livre). Em nenhuma passagem ele afirma que uma *sociedade inteira* deveria ser forçada a ser livre. Refere-se a *indivíduos* que resistem à vontade geral. Mesmo assim, essa idéia ainda atrita com as noções modernas de liberalismo e pluralismo.

No *Contrato social*, Rousseau abandona a idéia preliminar de liberdade que havia delineado no *Discurso sobre a origem da desigualdade*. Originalmente, em seu estado natural, os seres humanos tinham sido livres. Agora, enfatiza que os seres humanos em estado natural de forma alguma são tão livres assim. Eles são escravos de suas paixões animais, e sua força é limitada por suas desigualdades naturais. A sociedade liberta os seres humanos em estado natural de suas paixões naturais escravizantes, e também dá a eles uma igualdade moral. Liberdade, igualdade e fraternidade. Embora os franceses se atribuam grande racionalidade, aqui a razão escapa por entre os dedos. Liberdade e igualdade são, de fato, incompatíveis. Se as pessoas recebem liberdade, elas inevitavelmente desenvolvem desigualdades. Alguns trabalham arduamente para acumular fortuna, outros preferem realizar-se buscando poder, ou na indolência. Da mesma forma, se as pessoas são forçadas a serem iguais, sua liberdade de se tornarem desiguais tem que ser restringida. As idéias de liberdade e igualdade, tal como prevalecem em uma moderna democracia liberal, são necessariamente seletivas. Somos iguais perante a lei; temos liberdade de perseguir nossos diferentes objetivos. Devemos ter igualdade de oportunidades; mas devemos ser livres para seguir a oportunidade que escolhermos.

Rousseau também estava ciente dessas dificuldades. Podia já não ver mais a sociedade como "fatal", mas tinha consciência de sua capacidade de degradar nossa humanidade. Embora "a base do contrato social seja a propriedade", e isso deva ser protegido, não deve ser feito a qualquer preço. A riqueza traz poder, mas "o poder nunca deve ser grande o suficiente para seu detentor exercer a violência". Ele afirma, especificamente, que, "no que se refere à riqueza, nenhum cidadão deve jamais ser rico o bastante para comprar outro, nem pobre o bastante para ser forçado a se vender". O Estado "não deve permitir nem homens ricos nem mendigos". E insiste: "Esses dois estados, que são naturalmente inseparáveis, são igualmente fatais para o bem comum; de um, vêm os amigos da tirania, e, de outro, os tiranos." Percebe que "a força das circunstâncias tende a destruir a igualdade, [enquanto] a força da legislação deve sempre tender a preservá-la".

Rousseau fez uma distinção entre dois tipos de lei. A "lei real", como definida no *Discurso sobre a origem da desigualdade*, simplesmente preservava a sociedade como ela era, com todas as suas injustiças. A lei verdadeira, por outro lado, derivava da vontade de todas as pessoas e garantia justiça para todos. Nenhuma pessoa inteligente jamais concordaria em formular leis contra si mesma. Mas havia um claro problema. Ele se viu forçado a admitir que a maior parte das pessoas não era inteligente. A vontade geral pode ter tido o suporte moral do povo, mas não necessariamente funcionava para seu próprio bem. As pessoas nem sempre eram capazes de ver as implicações do que queriam.

Rousseau foi um dos primeiros pensadores liberais a aceitar esse problema — que aparece como uma persistente dificuldade em todas as discussões sociais esclarecidas. Mesmo os comentadores mais liberais são forçados a reconhecer que, freqüentemente, o comportamento da massa tem que ser julgado — e legislado — de acordo com seu mínimo denominador comum. E, como agentes desse comportamento, todos nós sabemos que esse mínimo pode ser realmente mínimo, e muito comum.

A solução de Rousseau foi simples. As pessoas estavam melhor quando eram governadas por um bom líder suficientemente hábil para produzir uma constituição e um sistema de leis justos — de maneira que nenhum equívoco fosse cometido. Aqui, ele estava sendo impiedosamente pragmático, até mesmo maquiavélico. Se necessário, um líder deveria estar disposto a sugerir que suas idéias eram o resultado de inspiração divina — a fim de que suas leis tivessem força suficiente perante os olhos do público.

Rousseau estava convencido de que um bom governo republicano requeria o suporte da religião. O cristianismo, no entanto, era inútil para esses propósitos: pode ter pregado o amor fraterno, mas, em geral, suas virtudes estavam dirigidas para os valores espirituais. Era uma religião que se preocupava em levar as pessoas para o mundo vindouro, o reino dos céus, e não em dizer a elas como fazer de suas vidas um sucesso em uma República terrena, ou mesmo como fazer da própria República um sucesso. O cristianismo, nesse caso, era pior do que inútil. O que se fazia necessário era uma religião civil, que encorajasse virtudes civis como coragem e patriotismo. Tais virtudes traziam sucesso para os cidadãos e, ao mesmo tempo, beneficiavam o Estado.

Rousseau estava dando forma a uma crescente percepção européia — embora essa tenha tido que permanecer necessariamente encoberta, já que contrariava diretamente a ortodoxia cristã e os ensinamentos da Igreja. As idéias nas quais ele se inspirou tinham sido estabelecidas mais explicitamente pelo pensador holandês Bernard Mandeville, que, em 1714, escrevera *A fábula das abelhas*. Nela, o autor assinalava que as virtudes requeridas na vida pública eram precisamente o oposto do comportamento privado requerido pelo cristianismo. O que o cristianismo condenava como vícios eram justamente as virtudes que dirigiam a vida civil: ganância, interesse próprio, ambição e vaidade. Em suas palavras: "Os Vícios privados são os Ganhos da república." Embora Rousseau não tenha ido tão longe, via, ainda assim, a necessidade de uma religião civil que contivesse um mínimo de elementos religiosos, ao mesmo tempo em que encorajasse as virtudes políticas e marciais. Mais uma vez, constatações posteriores nos permitem ver aqui as sementes do fascismo. Um líder impostor à frente de uma religião civil — tal situação estava carregada de perigos.

O *Contrato social* foi publicado em 1762, e produziu reações decididamente contraditórias. Muitos viram nele o caminho para a liberdade futura e uma sociedade justa. Outros ficaram menos impressionados. Os cidadãos de Genebra não esperavam tamanha ingratidão. As autoridades ("os vinte e cinco déspotas") ordenaram que o livro fosse queimado. Pior que o insulto a sua cidade era a intencional distorção de sua religião. Quanto a esse ponto, elas tinham razão: o calvinismo de Genebra era tanto genuinamente cristão quanto genuinamente patriótico. A cidade tinha tido que lutar por sua liberdade religiosa. Na verdade, a separação entre religião e virtudes cívicas não é tão clara como Rousseau (ou Mandeville) sugere. No século seguinte, a Igreja grega ortodoxa seria grandemente responsável por unir os gregos em sua luta patriótica para se livrarem dos turcos otomanos. Da mesma forma, no século XX a Igreja católica romana desempenhou um papel essencial na tenacidade da resistência polonesa contra seus opressores comunistas. Nesses casos, a junção de política e religião era um benefício cívico. Mas tal união efetiva é temporária. Apenas a religião civil busca uma permanente união: o "Reich de mil anos" dos nazistas, a marcha comunista na direção do inevitável "desaparecimento do Estado", e ilusões semelhantes. A longo prazo, a religião cívica prova-se invariavelmente danosa tanto para os valores espirituais quanto para os civis. Crenças religiosas e crenças políticas apenas partilham o fato de que são, ambas, questões de fé.

Enquanto isso, Rousseau tinha conquistado os corações de muitos com a publicação de sua novela *Júlia, ou A nova Heloísa.* Os apaixonados arroubos do preceptor-herói Saint-Preux, que tinha semelhanças com o autor até na idade, cativaram a imaginação do público. Todo o mundo adora um amante. Saint-Preux podia ter 49 anos, mas, tal como seu criador, continuava com um coração de adolescente. A sedução da jovem discípula (ou vice-versa) era apreciada pela ardorosa intensidade emocional, mais do que por qualquer relação com a realidade. Rousseau, de fato, nunca se tornou amante de Sophie. Da mesma forma, um preceptor de meia-idade que seduz sua jovem aluna aristocrata e a engravida (como Saint-Preux fez com Júlia) tem toda a probabilidade de terminar num tribunal, tanto naquela época como agora. Não é à toa que Saint-Preux tem sido visto como o predecessor do Humbert Humbert de *Lolita.*

A despeito disso, o apelo de *Júlia* era universal. Ali estava uma descrição de enlevos emocionais em um cenário real — o campo que se estendia ao longo das praias do lago Genebra. Apesar de seus êxtases diante das belezas da natureza e das alegrias do amor, aquilo não era um romance lendário, nenhum idílio pastoral povoado de deuses e figuras míticas. Tratava-se de pessoas reais, vivendo vidas domésticas — pessoas com as quais o leitor (e o escritor) podiam se identificar. E os leitores responderam, em tudo, tão entusiasticamente quanto ele. *Júlia* era uma das obras que iriam inaugurar o romantismo.

É difícil exagerar a importância dos primórdios do romantismo na Europa. Culto do herói, ídolos populares, identificação emocional, figuras modelares — tudo isso são hoje elementos compreendidos pelas sociedades modernas. Mas, em meados do século XVIII, os únicos heróis e ídolos disponíveis eram os santos ou figuras lendárias — muito distantes da experiência cotidiana. Respeito e veneração estavam concentrados sobre as igualmente distantes figuras dos dirigentes — senhores locais ou a longínqua realeza. E toda essa veneração era pautada por restritivas normas sociais e religiosas. Enquanto isso, o comportamento civilizado era julgado em termos culturais. A emoção civilizada — significativamente reduzida a "sentimento" — era igualmente elevada e racional. O Iluminismo tinha inspirado amplos avanços intelectuais — e igualmente ampla repressão emocional. A autoconfiança emocional do humanismo renascentista tinha sido substituída pelas incertezas da busca intelectual da certeza e pelo avanço da ciência rigorosa. Os filósofos agora buscavam definir as emoções, em vez de liberá-las ou aprender como conviver com elas. A novela de Rousseau tratava de uma necessidade reprimida, especialmente entre a nova estirpe de mulheres educadas. Em *Júlia*, a expressão emocional é intensa e incoerente, e é nisso que está tanto sua força quanto sua validade. Ele mesmo não compreendia totalmente o que estava expressando, mas sabia ser uma verdade que saía de seu íntimo. Sua alma atormentada recusava-se a se submeter a controles racionais.

O fogo ateado por Rousseau logo se tornaria um grande incêndio. Listar os sucessores de *Júlia* é registrar os marcos de uma recentemente iluminada região da auto-expressão humana. Na década seguinte, Goethe escreveu *Os sofrimentos do jovem Werther,* sua primeira obra-prima na linha Sturm und Drang (Tempestade e Ímpeto). Na música, o lirismo clássico de Mozart em breve daria lugar ao tumultuado emocionalismo da *Sonata ao luar* e da *Sinfonia heróica* de Beethoven. Mais tarde, Byron se apresentaria como o "desconsolado egoísta" em seu autobiográfico *Peregrinação de Childe Harold*. Jovens mulheres estavam longe de serem as únicas afetadas por esse ressurgimento das emoções profundas. O suicídio ficcional do *Werther* de Goethe inspirou uma onda de suicídios entre sensíveis jovens estudantes na Alemanha. Homens e mulheres desmaiavam durante apresentações de Beethoven. E uma geração de poetas europeus, de Púchkin a Leopardi, idolatraria Byron.

Rousseau deu seqüência a *Júlia, ou A nova Heloísa* com um outro trabalho em formato de ficção chamado *Emílio, ou Sobre a educação*. Trata-se, em parte, de uma novela descrevendo como o filho de um homem rico é educado por seu preceptor. A narrativa é interrompida por longas digressões sobre como essa educação deve ser conduzida, junto com reflexões filosóficas sobre a essência da natureza de nossa humanidade. O livro contém uma curiosa mistura do romantismo de *Júlia* e do republicanismo do *Contrato social*. Onde o último tinha em mira as liberdades sociais, *Emílio* está mais preocupado com a liberdade pessoal e com a maneira como ela nos possibilita alcançar satisfação, felicidade e sabedoria. Isso também é visto como uma educação adequada para os jovens cidadãos da República ideal descrita no *Contrato social*.

A atitude de Rousseau com relação a crianças marca um divisor de águas em nossa compreensão a respeito dessa difícil subdivisão da humanidade. Suas idéias constituem a base de nossas próprias idéias a respeito de crianças. No século XVIII, foram consideradas revolucionárias. Antes dele, as crianças eram usualmente tratadas como se fossem ignorantes e ingovernáveis adultos em miniatura. Durante sua imaturidade, eram simplesmente entregues às mãos de uma empregada ou de uma babá. Essa pessoa era, com freqüência, uma camponesa, também vista como um tipo grosseiro de criança grande. Na presença de verdadeiros adultos, esperava-se que o adulto nanico macaqueasse as maneiras dos mais velhos. Comportamentos "infantis" (tais como os que Rousseau conhecia muito bem) eram simplesmente inaceitáveis. Havia pouca ou nenhuma compreensão do que significava ser uma criança. Esse pode parecer um curioso ponto cego, considerando que todos os adultos tinham inevitavelmente passado pela mesma experiência. Mas o fato é que, na maior parte dos casos, não tinham: as crianças simplesmente não recebiam permissão para serem crianças. Em vez disso, haviam sido aprendizes de adultos. De maneira reveladora, o ditado "meninos serão meninos" não entrou em uso a não ser quando já ia avançado o século XIX.

Em *Emílio*, Rousseau muitas vezes mostra considerável percepção psicológica do comportamento das crianças. Ele descreve como, durante os primeiros tempos, quando uma criança chora, tentamos silenciá-la, seja cedendo às suas demandas ou ameaçando-a. "Assim, suas primeiras idéias são de dominação e servidão. Antes de aprender a falar, ela manda; antes de ser capaz de agir, ela obedece." A meta inicial da educação deveria ser substituir a dependência da criança em relação aos adultos por um saudável senso de sua própria independência. Em vez de simplesmente se ajustar aos desejos e às ambições impostas pelos adultos, a criança deveria ter permissão de cultivar suas próprias faculdades, de acordo com seu próprio desenvolvimento. Nas palavras de Rousseau, "a natureza quer que as crianças passem pela infância antes de se tornarem homens". (Como pode ser visto nessa citação, as crianças de Rousseau são do sexo masculino. Essa não era, de modo geral, sua intenção no *Emílio*. Numa tentativa de incluir ambos os sexos, eu talvez tenha perversamente dessexualizado as crianças. As mulheres que lerem este texto podem se sentir encorajadas com esse procedimento; as crianças podem ter outras opiniões.)

De acordo com Rousseau, para começar, as crianças existem em um estado de natureza. Isso é análogo, embora não idêntico, ao estado de natureza no qual a humanidade existiu antes de se tornar civilizada, como descrito no primeiro *Discurso*. Em seus primeiros estágios, a criança não tem qualquer concepção de bem e mal. Esta lhe é imposta por forças externas. O *Emílio* mostra como o preceptor deve fazer tudo o que estiver a seu alcance para se opor a tais forças. Sua meta deve ser encorajar a natureza da criança, em vez de impedi-la. Aqui, Rousseau faz uma distinção entre formas de educação. A educação do ser humano natural, que vive apenas para si mesmo, deveria ser contrabalançada com a educação do ser humano civil, cuja vida se dirige para a comunidade. Essa última forma de educação inevitavelmente restringe a humanidade natural da criança, transformando-a em uma natureza comunitária. A identidade independente da criança é reduzida a uma identidade relativa dentro da sociedade. Apenas quando essas diferentes formas de educação são combinadas com sucesso é que as contradições em nossa humanidade são superadas, e a felicidade alcançada. Como explica em outra passagem, "comecemos por nos tornar o que somos, focalizando nossa atenção exclusivamente sobre nós mesmos". Deveríamos tentar descobrir nosso verdadeiro eu, isolando nossa genuína natureza de elementos estranhos que simplesmente nos são impostos. Pois só ao sermos nós mesmos é que poderemos alcançar um verdadeiro conhecimento da humanidade — e, assim, ser capazes de entrar na comunidade sem nos perdermos.

Rousseau admitia que a tarefa do preceptor, no caso, não é fácil. Para ajudar seu discípulo a descobrir a verdade de sua própria natureza, ele, o preceptor, nem sempre precisa falar a verdade. Tal como no caso do âmbito social mais amplo, novamente Rousseau encoraja métodos maquiavélicos. Se o jogo duplo, ou mesmo a pura fraude, é necessário para alcançar seu objetivo, o preceptor tem que empregar tais táticas. Por outro lado, não deve jamais, em nenhuma circunstância, recorrer a métodos de punição corporal. A lavagem cerebral é evidentemente preferível ao espancamento. (Este tem um paralelo reconhecível na comunidade na qual os indivíduos são "forçados a serem livres".)

Da mesma forma como mostrado no *Contrato social*, Rousseau tem suas próprias idéias não ortodoxas sobre religião — tanto do papel que ela deve desempenhar quanto do tipo de religião que deveria ser. No que se refere à educação, em vez de uma religião civil o aluno deve aprender uma religião pessoal. Ele explica essa religião com certa prolixidade e com fervor típico. Trata-se, em grande medida, de sua própria versão do cristianismo. A despeito de suas heterodoxias, permaneceria sempre um homem de profundos sentimentos religiosos. Ainda assim, sua rejeição dos dogmas religiosos e dos ensinamentos da Igreja era igualmente apaixonada. Seus artigos de fé eram simples. Ele acreditava no amor de Deus pela humanidade e na imortalidade da alma. Acima de todos os ditados da razão ou de autoridade religiosa estava a "divina voz da alma no homem". Com consistente inconsistência, Rousseau chega mesmo a usar argumentos racionais para sustentar sua fé simples. Em última instância, "todos os movimentos físicos e corporais [no] mundo são comandados por uma sábia e poderosa vontade". Isso é Deus. E como sabe isso? "Eu o vejo, ou, melhor ainda, eu o sinto." O projeto do mundo indica o amoroso cuidado do ser que o criou. Em outra passagem, sustenta seu argumento com razões psicológicas mais pessoais, que pareceriam, em seu caso, mais próximas da verdade: "Sofri demais para viver sem fé."

Rousseau cobre uma ampla gama de tópicos no *Emílio*. Muitas das idéias nesse trabalho são tão originais quanto seu autor. Em muitos aspectos, sua visão da humanidade estava muito além de seu tempo. No entanto, curiosamente, e a despeito do papel crucial que tiveram em sua vida, ele teve pouca coisa original a dizer sobre as mulheres. Em primeiro lugar, suas idéias eram bastante iguais às de seu tempo: "A finalidade específica das mulheres é gerar filhos." E prossegue: "O que é defeito nos homens, é qualidade nas mulheres." É fácil perceber o egocentrismo que está por trás dessas idéias: "As mulheres devem dirigir seu conhecimento para o estudo dos homens e a compreensão de gostos." O contexto dessa observação deixa claro que o propósito de tal estudo não era científico — tal como seria adquirir conhecimento sobre uma espécie aparentemente estranha, por exemplo. Esse estudo pretendia tornar as mulheres mais capazes de suportar os homens. Por outro lado, a classificação de homens e gostos em diferentes categorias talvez não tenha sido totalmente intencional.

Quando *Emílio* foi publicado, em 1762, causou sensação. O arcebispo de Paris não foi o único a se indignar com as opiniões de Rousseau sobre a religião. O Parlamento chegou a ordenar que o carrasco queimasse o livro publicamente, e mandou prender imediatamente o autor. Nem mesmo o poderoso protetor de Rousseau, o marechal de Luxembourg, foi capaz de defendê-lo da ira das autoridades. Tudo que pôde fazer foi conseguir uma carruagem rápida que o levasse para fora do país. Sophie, madame de Luxembourg e diversas outras de suas simpatizantes fizeram fila para oferecer a ele uma despedida cheia de lágrimas, e ele escapou no último instante. Na melhor tradição da farsa francesa, a célere carruagem de Rousseau cruzou com a carruagem onde estavam os oficiais que iam prendê-lo, também célere na direção oposta.

Ele fugiu para a Suíça, tendo a sabedoria de escolher o cantão de Berna, em vez de sua Genebra nativa — onde novas queimas de livro já tinham começado. Mas foi logo obrigado a sair de Berna, antecipando-se a outra ordem de banimento. Pelo resto de sua vida, continuaria a ser um fugitivo, e, nesse processo, seu caráter extremamente sensível foi se degenerando numa paranóia cada vez mais aguda. Em um certo momento, conseguiu chegar à Inglaterra, onde fez amizade com o filósofo escocês Hume. A essa altura, Rousseau estava indubitavelmente enlouquecido. Vestido teatralmente com "roupas armênias", seu estado de espírito oscilava entre o êxtase e as lágrimas, sua paranóia constantemente atiçada pela vingativa Thérèse, a quem via como a única pessoa que jamais o traíra. Os abraços apaixonados que dava em Hume à noite seriam seguidos por cartas recriminatórias pela manhã. Após 17 meses de inútil castração emocional, Rousseau decidiu retornar secretamente à França. Incógnito, vestido com as roupas armênias que eram sua marca registrada, aportou em Calais. Por sorte, recebeu proteção e abrigo de aristocratas poderosos.

Acabaria vivendo meio secretamente em um chalé na propriedade do marquês de Girardin, em Ermenonville.

Por incrível que pareça, dado seu estado mental, foi durante esse período que produziu o que muitos consideram seu melhor trabalho, as *Confissões*. Isso é literatura, em vez de filosofia, embora contenha muitas penetrantes especulações psicológicas sobre um assunto que considerava de profunda importância filosófica — ele mesmo. Declara: "eu gostaria de ser capaz, de alguma maneira, de tornar meu coração ... transparente como cristal, para que não pudesse ocultar nenhum de seus movimentos." Ele faz o que promete, e o resultado é um vaivém de emoções — indo do imensamente tocante até a farsa. Mas ele sabe o que está fazendo, e suas profundas percepções sobre si mesmo não podem deixar de tocar o leitor. Mesmo suas tentativas de justificar o injustificável constituem uma leitura angustiante. Ele termina com a declaração desafiadora: "Quem quer que ... venha a examinar minha natureza, meu caráter, minha moral, meus gostos, meus prazeres e meus hábitos com seus próprios olhos, e seja capaz de me acreditar um homem desonrado, merece ser estrangulado." Tanto a crua honestidade quanto a violência dessa observação viriam a dar seus frutos.

A despeito de tudo, ainda havia momentos de paz. Rousseau estava agora mais convencido do que nunca de que Thérèse era a única pessoa que jamais o havia traído. Aos 56 anos, finalmente, casa-se com ela. O evento consistiu numa curiosa cerimônia conduzida por ele mesmo, durante a qual todos os presentes chegaram às lágrimas. Thérèse retribuiu apaixonando-se, mais tarde, pelo valete inglês do marquês de Girardin.

Entre um escrito e outro, Rousseau costumava remar em um lago próximo. Ali sentia-se "fora do alcance de meus malévolos perseguidores". Mais uma vez, encontrava consolo na natureza. "Com freqüência deixando meu barco à mercê dos ventos e da água, eu me abandonava às quimeras. ... Às vezes, gritava com emoção, 'Ó natureza, ó minha mãe, aqui estou, totalmente entregue à sua proteção.'" No dia primeiro de julho de 1778, teve um colapso. No dia seguinte, deitado na cama, dirigiu-se ao céu azul que via através da janela aberta: "O portal está aberto, e Deus espera por mim." Tentou levantar-se, caiu para a frente, e morreu nos braços de Thérèse. Tinha 66 anos.

Onze anos depois, a Revolução Francesa poria fim ao Ancien Régime, inaugurando a França da "Liberdade, Igualdade, Fraternidade". Para o bem ou para o mal, as idéias de Rousseau tinham entrado no domínio público. Elas desempenhariam seu papel ao inspirar o melhor e o pior das transformações políticas durante os dois séculos que se seguiram. Da alegre liberdade dos primeiros dias da Revolução até os dias em que tantos foram "forçados a ser livres", durante o Terror; através do romantismo e das utopias sociais do século XIX; através do comunismo do século XX, com seus ideais e seus horrores; através do fascismo; até a revolução social dos anos 60 — tudo isso conteria ingredientes das idéias de Rousseau. Tamanho era o poder de seu pensamento que não poderia simplesmente ser descartado em virtude de suas contradições. Seus rasgos de enlevo eram tais, sua liberdade, suas irracionalidades e suas conseqüências irrefletidas tamanhas, que talvez fosse mesmo destinado a provocar excessos. Ainda assim, grande parte desse pensamento foi se consolidando silenciosamente, até se tornar a pedra fundamental de nossa moderna crença a respeito de nós mesmos, bem como das expectativas instintivas que temos de uma sociedade justa.

CITAÇÕES-CHAVE

Considere, por contraste, os costumes das poucas nações que foram preservadas do contágio do conhecimento inútil. Por suas virtudes, construíram a própria felicidade e oferecem um exemplo radiante para todos. Assim eram os primeiros habitantes da Pérsia, uma nação tão excepcional que se ensinavam virtudes a seus habitantes da mesma forma como nos ensinam as ciências. Foram os persas que conquistaram facilmente a Ásia e alcançaram a rara glória de ter a história de suas instituições políticas lidas pela posteridade como um romance filosófico. Assim também eram os citas, tão enaltecidos pela história. Assim também eram os primeiros povos germânicos, cuja simplicidade de viver, inocência e virtude constituíam um alívio para o historiador Tácito, quando esse se cansou de descrever os crimes e degenerescências de seu próprio povo esclarecido, opulento e voluptuoso. Assim também eram os romanos, nos seus primeiros tempos de pobreza e ignorância.

Discurso sobre as ciências e as artes

O primeiro homem que cercou um pedaço de terra, que veio com a idéia de dizer "isto é meu" e encontrou gente simples o bastante para acreditar nele, foi o verdadeiro fundador da sociedade civil. Quantos crimes, guerras e assassinatos derivam desse ato! De quanta miséria e horror a raça humana poderia ter sido poupada se alguém simplesmente tivesse arrancado as estacas, enchido os buracos e gritado para seus companheiros: "Não dêem ouvidos a este impostor. Estarão perdidos se esquecerem que os frutos da terra pertencem a todos, e que a terra, ela mesma, não pertence a ninguém!"

Discurso sobre a origem da desigualdade

O homem nasceu livre, e em toda parte está acorrentado. Muitos pensam que são os senhores de outros, enquanto, na realidade, são mais escravos ainda que os outros. Como aconteceu essa mudança? Não sei. O que a legitima? Creio que tenho a resposta para essa questão.

Se eu considerasse apenas o uso da força e seus resultados, diria que, enquanto as pessoas são forçadas a obedecer, e obedecem, funciona bastante bem. Mas tão logo essas pessoas são capazes de sacudir seu jugo, e fazem-no através da força, agem melhor ainda. Pois, se as pessoas recuperam sua liberdade da mesma forma como essa lhes foi tirada, ou têm o direito de retomá-la, ou então não havia justificativa para ela lhes ter sido arrebatada.

Contrato social

Tudo é bom, na medida em que nos seja dado pelas mãos do Autor da Natureza. Ainda assim, tudo degenera nas mãos do homem. Ele força um país a cultivar o que é produzido em outro; uma árvore a dar os frutos de outra. Ele mistura e confunde os climas, os elementos, e até mesmo as estações. Mutila seu cão, seu cavalo e seu escravo. Vira tudo de cabeça para baixo, e desfigura tudo. Ele ama a deformidade e os monstros. Não deixará nada da maneira como a natureza fez, nem mesmo ele próprio. Como um cavalo selvagem, tem que ser dobrado primeiro antes que sirva para o serviço do homem — tem que ser moldado de acordo com sua própria fantasia, como uma árvore em seu jardim.

Emílio, ou Sobre a educação

Sou feito de uma maneira bastante diferente de qualquer um que eu tenha encontrado. Chegarei mesmo ao ponto de dizer que sou diferente de todos que existem. Posso não ser melhor que eles, mas, pelo menos, sou diferente. Se a natureza estava certa ou errada ao quebrar o molde após me criar é uma questão que só pode ser resolvida depois que você tiver lido este livro.

Confissões

Assim, meu terceiro filho foi levado para o Asilo das Crianças Abandonadas, da mesma forma que os outros dois. Os dois seguintes também foram entregues do mesmo jeito, pois tive cinco ao todo. Esse arranjo me parecia tão admirável, tão racional e legítimo, que a única razão para eu não me ter vangloriado abertamente dele foi para poupar a mãe [Thérèse]. Claro que contei para todos aqueles amigos que sabiam de nosso relacionamento ... Em outras palavras, não fiz nenhum mistério do que havia feito. Isso foi não somente porque eu nunca soube como guardar um segredo diante de meus amigos, mas também porque realmente não via aí nenhum erro. Tudo considerado, o que escolhi para meus filhos foi visando o melhor para eles, ou assim eu genuinamente acreditava. Eu poderia ter desejado, e ainda desejo, ter sido cuidado e criado da mesma forma.

Confissões

CRONOLOGIA DE DATAS SIGNIFICATIVAS DA FILOSOFIA

. . . .

séc. VI a.C.	Início da filosofia ocidental com Tales de Mileto.
fim do séc. VI a.C.	Morte de Pitágoras.
399 a.C.	Sócrates condenado à morte em Atenas.
c.387 a.C.	Platão funda a Academia de Atenas, a primeira universidade.
335 a.C.	Aristóteles funda o Liceu em Atenas, escola rival da Academia.
324 d.C.	O imperador Constantino muda a capital do Império Romano para Bizâncio.
400 d.C.	Santo Agostinho escreve as *Confissões*. A filosofia é absorvida pela teologia cristã.
410 d.C.	O saque de Roma pelos visigodos anuncia o advento da Idade das Trevas.

529 d.C.	O fechamento da Academia em Atenas, pelo imperador Justiniano, marca o fim do pensamento helenista.
meados do séc.XIII	Tomás de Aquino escreve seus comentários sobre Aristóteles. Era da Escolástica.
1453	Queda de Bizâncio pelos turcos, fim do Império Bizantino.
1492	Colombo chega à América. Renascimento em Florença e renovação do interesse pelo grego.
1543	Copérnico publica *De revolutionibus orbium caelestium* (*Sobre a revolução das órbitas celestes*), provando matematicamente que a terra gira em torno do sol.
1633	Galileu é forçado pela Igreja a abjurar a teoria heliocêntrica do universo.
1641	Descartes publica as *Meditações*, início da filosofia moderna.
1677	A morte de Spinoza permite a publicação da *Ética*.
1687	Newton publica *Principia*, introduzindo o conceito de gravidade.
1689	Locke publica *Ensaio sobre o entendimento humano*. Início do empirismo.

1710	Berkeley publica *Princípios do conhecimento humano*, levando o empirismo a novos extremos.
1716	Morte de Leibniz.
1739-40	Hume publica *Tratado sobre a natureza humana*, conduzindo o empirismo a seus limites lógicos.
1781	Kant, despertado de seu "sono dogmático" por Hume, publica a *Crítica da razão pura*. Começa a grande era da metafísica alemã.
1807	Hegel publica *A fenomenologia do espírito*: apogeu da metafísica alemã.
1818	Schopenhauer publica *O mundo como vontade e representação*, introduzindo a filosofia indiana na metafísica alemã.
1889	Nietzsche, após declarar que "Deus está morto", sucumbe à loucura em Turim.
1921	Wittgenstein publica *Tractatus logico-philosophicus*, advogando a "solução final" para os problemas da filosofia.
década de 1920	O Círculo de Viena apresenta o positivismo lógico.
1927	Heidegger publica *Sein und Zeit* (*Ser e tempo*), anunciando a ruptura entre a filosofia analítica e a continental.

1943	Sartre publica *L'Être et le néant* (*O ser e o nada*), avançando no pensamento de Heidegger e instigando o existencialismo.
1953	Publicação póstuma das *Investigações filosóficas*, de Wittgenstein. Auge da análise lingüística.

CRONOLOGIA DA VIDA E DA ÉPOCA DE ROUSSEAU

1712	28 de junho, Jean-Jacques Rousseau nasce em Genebra, Suíça.
1727	Morte de Newton.
1728	O jovem Rousseau foge de Genebra.
1731	Vai morar com madame de Warens e se converte ao catolicismo romano.
1742	Chega a Paris.
1743-44	Secretário do embaixador francês em Veneza.
1744	Inicia um relacionamento com Thérèse Levasseur.
1750	Escreve o *Discurso sobre as ciências e as artes.*
1752	Compõe a ópera *O adivinho da aldeia.*

1754	Publica o *Discurso sobre a origem da desigualdade.*
1758	Deixa Paris para viver em Montmorency.
1761	Publicação de *Júlia, ou A nova Heloísa.*
1762	Publicação do *Contrato social* e *Emílio, ou Sobre a educação*. Forçado a fugir da Suíça.
1766-67	Refugia-se na Inglaterra.
1767	Volta à França incógnito.
1768	Casa-se com Thérèse Levasseur.
1776	Independência norte-americana.
1777	2 de julho, morte em Ermenonville.
1782-89	Publicação das *Confissões.*
1789	Revolução Francesa.

LEITURA SUGERIDA

. . . .

BERLIN, Isaiah, *Against the Current: Essays in the History of Ideas* (Princeton University Press, 2001). Essa seleção de ensaios contém "O contra-Iluminismo", que situa Rousseau no contexto filosófico de seu tempo.

CRANSTON, Maurice, *Jean-Jacques: The Early Life of Jean-Jacques Rousseau, 1712-1754* (University of Chicago Press, 1991). O primeiro volume da melhor e de mais fácil leitura das diversas longas biografias de Rousseau.

_____, *The Noble Savage: Jean-Jacques Rousseau, 1754-1762* (University of Chicago Press, 1999). O segundo volume da obra-prima de Cranston, cobrindo a trajetória de Rousseau durante os anos do *Contrato social.*

DENT, N.J.H., *Dicionário Rousseau* (Rio de Janeiro, Jorge Zahar, 1996).

ROUSSEAU, Jean-Jacques, *Confissões* (Rio de Janeiro, Ediouro, s.d.). A famosa autobiografia, que se desenvolve como uma novela. Seu tom revela o homem, mesmo que seu conteúdo nem sempre chegue a revelar a verdade.

_____, *Contrato social* (São Paulo, Martins Fontes, 1989).

_____, *Os devaneios de um caminhante solitário* (Brasília, UNB, 1986).

_____, *Discurso sobre a origem da desigualdade* (Brasília/São Paulo, UNB/Ática, 1989).

_____, *Emílio, ou Sobre a educação* (Rio de Janeiro, Bertrand, 3ªed., 1995).

_____, *A nova Heloísa* (Campinas, Unicamp, 1994).

_____, Coleção Os Pensadores (São Paulo, Nova Cultural, várias edições).

STAROBINSKI, Jean, *Jean-Jacques Rousseau, a transparência e o obstáculo* (São Paulo, Companhia das Letras, 1991).

WOKLER, Robert, *Rousseau* (Oxford University Press, 1995). Uma excelente introdução a vários aspectos da vida de Rousseau, incluindo um sumário das idéias contidas em seus principais trabalhos.

ÍNDICE REMISSIVO

CIENTISTAS
em 90 minutos

. . . .

por Paul Strathern

Arquimedes e a alavanca em 90 minutos
Bohr e a teoria quântica em 90 minutos
Crick, Watson e o DNA em 90 minutos
Curie e a radioatividade em 90 minutos
Darwin e a evolução em 90 minutos
Einstein e a relatividade em 90 minutos
Galileu e o sistema solar em 90 minutos
Hawking e os buracos negros em 90 minutos
Newton e a gravidade em 90 minutos
Oppenheimer e a bomba atômica em 90 minutos
Pitágoras e seu teorema em 90 minutos
Turing e o computador em 90 minutos